Para

com votos de paz.

Divaldo Franco
Pelo Espírito
Joanna de Ângelis

Momentos de
Felicidade

EDITORA LEAL

SALVADOR
6. ED. – 2024

©(1990) Centro Espírita Caminho da Redenção
Site: https://mansaodocaminho.com.br
Edição: 6. ed. – 2024
Tiragem: 3.000 exemplares (milheiros: 27.800)
Coordenação editorial: Lívia Maria C. Sousa
Revisão: Adriano Mota • Lívia Maria C. Sousa • Plotino da Matta
Capa: Cláudio Urpia
Editoração eletrônica e programação visual: Ailton Bosco
Coedição e publicação: Instituto Beneficente Boa Nova

PRODUÇÃO GRÁFICA
LIVRARIA ESPÍRITA ALVORADA EDITORA – LEAL
E-mail: editora.leal@cecr.com.br
DISTRIBUIÇÃO: INSTITUTO BENEFICENTE BOA NOVA
Av. Porto Ferreira, 1031, Parque Iracema. CEP 15809-020
Catanduva-SP.
Contatos: (17) 3531-4444 | (17) 99777-7413 (WhatsApp)
E-mail: boanova@boanova.net
Vendas on-line: https://www.livrarialeal.com.br

Dados Internacionais de Catalogação na Publicação (CIP)
(Catalogação na fonte)
BIBLIOTECA JOANNA DE ÂNGELIS

F825	FRANCO, Divaldo Pereira. (1927) *Momentos de felicidade*. 6. ed. / Pelo Espírito Joanna de Ângelis [psicografado por] Divaldo Pereira Franco, Salvador: LEAL, 2024. 144 p. ISBN:978-65-86256-37-6 1. Espiritismo 2. Meditação 3. Psicografia I. Divaldo Franco II. Título CDD: 133.93

Bibliotecária responsável: Maria Suely de Castro Martins – CRB-5/509

DIREITOS RESERVADOS: todos os direitos de reprodução, cópia, comunicação ao público e exploração econômica desta obra estão reservados, única e exclusivamente, para o Centro Espírita Caminho da Redenção. Proibida a sua reprodução parcial ou total, por qualquer meio, sem expressa autorização, nos termos da Lei 9.610/98.
Impresso no Brasil | Presita en Brazilo

SUMÁRIO

	Momentos de felicidade	7
1.	Caminhos do coração	13
2.	Fenômenos inexoráveis	21
3.	Contato com os guias espirituais	27
4.	Benfeitora	33
5.	Pensamento e vida	41
6.	Amigo ingrato	47
7.	Equipamento da oração	53
8.	Em favor dos enfermos	61
9.	Jesus e a barca	67
10.	Libertação	73

11.	Insegurança e medo	79
12.	Janelas na alma	87
13.	Cruz de provações	93
14.	A mente em ação	99
15.	Porvir inexorável	105
16.	Balizas delimitadoras	111
17.	Teoria e prática	117
18.	Emoções perturbadoras	123
19.	Domínio da ira	129
20.	No campo da mente	135

*A*coimada por problemas afligentes de vário porte, a criatura humana, desassisada, investe no próprio fracasso que cultiva e defende, embora inconscientemente, nele comprazendo-se.

Deixando-se consumir pelo pessimismo, elabora clichês mentais de insucesso, que desenvolve com insistência, negando-se à renovação íntima e ao esforço de libertação.

Diante das perspectivas de progresso, reage com expressões de indiferença, defendendo a acomodação a que se entrega, qual se encontrasse dificuldades, que realmente *não existem, porém, são representativas do seu mecanismo de defesa contra o progresso e a felicidade.*

Em face do hábito sistemático de considerar-se desditosa, preserva a imagem que inspira compaixão, quando deveria esforçar-se para despertar o amor que merece.

Esquece-se de que, para trabalhar-se pelo próprio fracasso, gasta-se a mesma energia que se deveria aplicar em favor do êxito.

As únicas diferenças de como são usadas as energias estão na atitude mental por uma ou outra conquista e no esforço que se deve envidar para lograr o bem-estar.

A felicidade é fácil de ser conseguida, porque está em toda parte e à disposição de todos aqueles que a queiram possuir, bastando para o mister o trabalho próprio e intransferível.

Vives momentos de felicidade, de que ainda não te apercebeste.

Diante dos teus olhos estão as paisagens ridentes, ricas de beleza e cor.

Desfilam, ao teu lado, as oportunidades de edificação do bem.

Seguem contigo as bênçãos de Deus, que ainda não soubeste valorizar.

Multiplicam-se as ocasiões de amar e de seres amado.

Rompe, assim, a carapaça que te impede o claro discernimento e aprende a ser feliz.

Reserva-te alguns minutos diários para o silêncio, a reflexão, a oração.

Seleciona uma página edificante para uma leitura enriquecedora.

Conserva o otimismo em qualquer circunstância.

Nunca duvides da ajuda de Deus.

Faze o bem sempre que te surja ocasião e, quando esta não te aparecer, proporciona-te o ensejo.

Fixa a alegria e olvida a tristeza, a mágoa, a ofensa.

Só o bem merece consideração.

A felicidade, desse modo, está esperando por ti. Não a desconsideres nem fujas da sua presença.

Selecionamos as páginas que constituem este pequeno volume, examinando vinte situações e propostas, discutindo-as e concluindo pelo amor, pela paz e pelo êxito geradores de felicidade.

São modestas reflexões à luz do Evangelho de Jesus e da Doutrina Espírita para os dias difíceis da atualidade.

Certa de estar cooperando em teu favor, caro amigo leitor, somos a servidora humílima que exora as bênçãos de Deus para todos nós.

Joanna de Ângelis
Salvador, 29 de agosto de 1990.

1
Caminhos do coração

Multiplicam-se os caminhos do processo evolutivo, especialmente durante a marcha que se faz no invólucro carnal.

Há caminhos atapetados de facilidades, que conduzem a profundos abismos do sentimento.

Apresentam-se caminhos ásperos, coalhados de pedrouços que ferem, na forma de vícios e derrocadas morais escravizadores.

Abrem-se, atraentes, caminhos de vaidade, levando a situações vexatórias, cujo recuo se torna difícil.

Repontam caminhos de angústia, marcados por desencantos e aflições desnecessárias, que se percorrem com loucura irrefreável.

Desdobram-se caminhos de volúpias culturais, que intoxicam a alma de soberba, exilando-a para as regiões da indiferença pelas dores alheias.

Aparecem caminhos de irresponsabilidade, repletos de soluções fáceis para os problemas gerados ao longo do tempo.

Caminhos e caminhantes!

Existem caminhos de boa aparência, que disfarçam dificuldades de acesso e encobrem feridas graves no percurso.

Caminhos curtos e longos, retos e curvos, de ascensão e descida, estão por toda parte, especialmente no campo moral, aguardando ser escolhidos.

Todos eles conduzem a algum lugar, ou se interrompem, ou não levam a parte alguma... São apenas caminhos: começados, interrompidos, concluídos...

◆

Tens o direito de escolher o teu caminho, aquele que deves seguir.

Ao fazê-lo, repassa pela mente os objetivos que persegues, os recursos que se encontram à tua disposição íntima, assinalando o estado evolutivo, a fim de teres condição de seguir.

Se possível, opta pelos *caminhos do coração*.

Eles, certamente, levarão os teus anseios e a tua vida ao *ponto de luz* que brilha à frente, esperando por ti.

O homem estremunha-se entre os condicionamentos do medo, da ambição, da prepotência e da segurança que raramente discerne com correção.

O medo domina-lhe as paisagens íntimas, impedindo-lhe o crescimento, o avanço, retendo-o em situação lamentável, embora todas as possibilidades que lhe sorriem esperança.

A ambição alucina-o, impulsionando-o para assumir compromissos perturbadores que o intoxicam de vapores venenosos, decorrentes da exagerada ganância.

A prepotência anestesia-lhe os sentimentos, enquanto lhe exacerba as paixões inferiores, tornando-o infeliz, na desenfreada situação a que se entrega.

A liberdade a que aspira propõe-lhe licenças que se permite sem respeito aos direitos alheios nem observância dos deveres para com o próximo e a vida, destruindo qualquer possibilidade de segurança, que, aliás, é sempre relativa enquanto se transita na veste física.

Os caminhos do coração se encontram, porém, enriquecidos da coragem, que se vitaliza com a esperança do bem, da humildade, que reconhece a própria fragilidade e satisfaz-se com os *dons do espírito* – ao invés do tresvariado desejo de amealhar coisas de secundária importância –, os serviços enobrecedores e a paz, que são a verdadeira segurança em relação às metas a conquistar.

Os caminhos do coração encontram-se iluminados pelo conhecimento da razão, que lhes clareia o leito, facilitando o percurso.

◆

Jesus escolheu os caminhos do coração para acercar-se das criaturas e chamá-las ao *Reino dos Céus.*

Francisco de Assis seguiu-Lhe o exemplo e tornou-se o herói da humildade.

Vicente de Paulo optou por eles e fez-se o campeão da caridade.

Gandhi redescobriu-os e comoveu o mundo, revelando-se como o apóstolo da não violência.

Incontáveis criaturas, nos mais diversos períodos da Humanidade e mesmo hoje, identificaram esses caminhos do coração e avançam com alegria na direção da plenitude espiritual.

Diante dos variados caminhos que se desdobram convidativos, escolhe os caminhos do coração, qual ovelha mansa, e deixa que o Bom Pastor te conduza ao aprisco pelo qual anelas.

2
Fenômenos inexoráveis

Vês definhar o ser querido, que a enfermidade implacável consome.

Preocupas-te e disfarças a tua agonia, ante o inexorável acontecimento.

Anotas o nome de pessoa querida que a desencarnação violenta arrebatou, e tens o coração dorido.

Oras, em silêncio, sem que ninguém saiba o que experimentas em forma de melancolia.

Recebes informação sobre acontecimentos rudes, afetando corações afetuosos que são convidados a dores extenuantes.

Padeces choque emocional, constatando a tua carência de recursos diante de tão graves provações.

Chega-te o apelo angustiado de amigos queridos, que despertam na soledade ante as infaustas partidas daqueles a quem amam.

Constatas a precariedade da existência física e sofres calado, embora sorrindo.

Defrontas os companheiros da juventude, agora deformados, combalidos, sem rumo.

Nublam-se-te os olhos com lágrimas que não deixas cair, a fim de que ninguém perceba a tua compunção.

Multiplicam-se, em toda parte, as enfermidades mutiladoras, debilitantes, perturbadoras, que acometem os seres vivos e dilaceram as criaturas humanas, deixando vazios terríveis nos corações.

✦

Não te desalentes, porém.

A desencarnação é etapa final do fenômeno biológico, e ninguém se eximirá de experimentá-la.

Não te entristeças ante os infortúnios e padecimentos daqueles a quem amas.

Canta, aos ouvidos desses que padecem, a canção da imortalidade, acenando-lhes com a esperança de libertação próxima que virá.

Dize-lhes que a existência corporal é veste que dura um dia e a dor é fenômeno de desgaste que descerra a luz guardada no íntimo.

✦

Felizes os que sabem sofrer.
Bem-aventurados aqueles que expungem na Terra.

Se a estância é breve na matéria, o estágio libertador é longo e abençoado.

Anima os que se dilaceram nas enfermidades consumidoras, irradiando-lhes as alegrias com que se inundarão de coragem para sublimar-se.

Reflexiona com eles sobre a realidade da existência humana e o que a todos aguarda após a morte.

Nenhuma dor que permaneça sem termo.

A morte é, portanto, dádiva de Deus para interromper os ciclos afligentes.

Raciocina, examinando a vida sob o ponto de vista espiritual, e tudo se modificará.

Sentir-te-ás feliz, então, vendo os amigos em processo de libertação, antegozando as alegrias que os esperam, por tua vez, a ti também aguardando.

✦

Jesus, sadio e puro, ensinando o amor e confirmando a imortalidade, aceitou, espontaneamente, a traição de um amigo, a negação de outro, o abandono de quase todos, e, sofrendo, sem desanimar, permaneceu tranquilo, tal a Sua certeza, que nos legou, do triunfo da vida além da morte e da noite humana.

Assim, reflexiona e deixa-te dominar pela fé na imortalidade, verificando que, nesta condição, tudo se altera e passa a ter nova e ditosa configuração.

Afliges-te porque ainda não lograste o contato psíquico com os teus guias espirituais.

Reflexionas que buscaste a fé religiosa, abraçando a mediunidade, não obstante tens a impressão de que navegas sem rumo, padecendo conflitos e experimentando desânimo.

Momentos surgem nos quais receias pela legitimidade do intercâmbio espiritual de que te fazes objeto.

Anseias por informações precisas sobre o teu papel nas tarefas da mediunidade.

Relacionas pessoas que te parecem menos equipadas, e, apesar disso, apresentam-se superprotegidas pelos Espíritos nobres, assessoradas por benfeitores veneraveis e Entidades outras, que na Terra deixaram nomes respeitáveis, famosos...

Planejas desistir, acreditando que as tuas são faculdades atormentadas, sem credencial ou recurso capaz de registrar a proteção dos guias espirituais.

◆

Tem, porém, cuidado e medita sem queixa.

A mediunidade é instrumento de serviço em nome do Amor de Deus para apressar o progresso dos homens e facultar o intercâmbio com os Espíritos, deles recebendo a ajuda.

Candidataste-te ao labor socorrista, como recurso saudável para te recuperares moralmente do passado delituoso, por cuja contribuição terias, também, as dores lenidas ou alteradas no teu organograma para a evolução.

Honrado pelo trabalho de iluminação de consciência, estás colocado como veículo de bênçãos.

Buscam-te os sofredores, porque são trazidos a ti pelos teus guias espirituais, que confiam na tua ductibilidade, no teu sentimento de amor.

Porque não ouves os teus benfeitores, não te creias abandonado, sem apoio.

Tem paciência.

Faze silêncio íntimo e entrega-te mais.

Quando desdobrado parcialmente pelo sono, eles te confortam e instruem, fortalecem-te e programam as atividades para as quais renasceste.

Se não o recordas conscientemente, ficam impressos nos teus registros psíquicos esses salutares conúbios edificantes.

Se aprofundares reflexão, perceberás quantas vezes eles já te falaram, socorreram e apoiaram nos momentos rudes das provações e dos testemunhos.

Eles são discretos e agem sem alarde, não brindando recursos que induzam à vaidade, ao exibicionismo.

Amparam em silêncio, instruem em calma, conduzem com afabilidade.

◆

Quando vejas, na mediunidade, o campeonato das disputas humanas e o calafrio que provoca a presença de seres nobres do passado, aureolando com pompa terrestre a memória, que pretendem manter rutilante, acautela-te e desconfia.

Importante não é o nome que firma ou enuncia uma mensagem, mas, sim, o seu conteúdo de qualidade e penetração benéfica.

Desse modo, trabalha no anonimato e, consciente das responsabilidades que te dizem respeito, deixa que os teus guias espirituais zelosamente te guardem e conduzam, não te expondo no palco da insensatez, onde brilha por um dia e se apaga de imediato a vaidade humana.

4
Benfeitora

Floresce, espontânea, em toda parte, independendo dos fatores que lhe propiciam o desabrochar.

Inesperadamente aparece nos solos áridos, nos quais os sentimentos não medram.

Nas terras encharcadas da emotividade abundante, também surge sem qualquer programação...

Sua presença é percebida, logo de início, convidando à atenção que nela se fixa, a partir desse momento.

Em todas as épocas, ei-la presente, estabelecendo diretrizes e caracterizando pessoas, grupos e nações.

Detestada, não teme as reações, tornando o seu apelo mais forte.

Aceita, diminui a agudeza dos seus efeitos, suavizando-os.

Estudada por teóricos e práticos, todos se lhe referem de maneira variada, sem chegarem a uma conclusão unânime.

A verdade, porém, é que se faz conhecida sempre, e ninguém pode impedir-lhe a presença.

Depois que encerra um ciclo, prepara, para um novo cometimento, a sua oportuna aparição.

Nenhum recurso a impede, porque, por enquanto, ela é a única maneira de conduzir o homem na conquista dos Altos Cimos da Vida, desde que o amor não logre fazê-lo.

Esta flor abençoada, que surge nos terrenos de todas as vidas, é a dor.

Este homem padece de injunções socioeconômicas e tem a alma em desalinho.

Aquele experimenta a abundância de valores amoedados e sofre a solidão afetiva que o dinheiro não pode comprar.

Esse arde nas brasas do desejo, insatisfeito, e, lasso, entrega-se ao frenesi da promiscuidade.

Este outro esgrime o ódio e sofre-lhe a rebeldia dilacerante nos tecidos íntimos do ser.

Aqueloutro caminha chancelado pelas etiquetas das patologias cruéis.

Uns definham nas garras afiadas de enfermidades irreversíveis.

Outros derrapam em alucinações inimagináveis...

Todos, porém, sofrendo a constrição das dores de variada expressão, amargurando, lapidando, despertando para novos valores da vida, que permanecem desprezados.

A dor é benfeitora anônima que a todos visita.

Cessados os seus efeitos perturbadores, quantas conquistas morais e espirituais!

◆

Os prepotentes, que a desconsideram, não chegam ao termo da jornada sem experimentar-lhe a companhia.

Os ingratos, que se supõem felizes, não lhe fogem à presença.

Os orgulhosos, que a desprezam, considerando-se inatingíveis, encontram-na adiante...

Ela verga toda cerviz e submete, sem exceção, todas as criaturas.

O seu cerco é invencível e ela sai-se sempre vencedora.

É instrumento da lei, que o próprio homem vitaliza e necessita.

Tu, que conheces Jesus, recebe sem rebeldia essa benfeitora.

Não se trata de um masoquismo, mas, sim, da inevitabilidade de sofrer, transformando esse estado em formosa aquisição de bênçãos.

Há os testemunhos à fé e os resgates que procedem do passado.

Seja qual for o motivo, transforma-o em oportunidade iluminativa, porque estás na Terra para crescer e evoluir, adquirindo experiências de profundidade.

A dor, que a muitos amesquinha, envilece e atordoa, deve constituir-te estímulo para a grande vitória sobre ti mesmo.

Não te preocupes com mais nada e, sob o seu jugo, confiante, avança com a dor até conseguires o teu momento de plena libertação.

O homem pode ser considerado o pensamento que exterioriza, fomenta e nutre.

Conforme a sua paisagem mental, a existência física será plasmada, em face do vigor da energia direcionada.

O pensamento é a manifestação do anseio espiritual do ser, não uma elaboração cerebral do corpo.

Sendo o Espírito o agente da vida, nos intrincados painéis da sua mente se originam as ideias, que se manifestam através dos impulsos cerebrais, cujos sensores captam a onda pensante e a transformam, dando-lhe a expressão e a forma que revestem o conteúdo de que se faz portadora.

O homem de bem, pensando corretamente como consequência da sua realidade interior, progride, adicionando forças à própria estrutura.

A criatura de constituição moral frágil, por efeito das suas construções mentais infelizes, envolve-se nas teias dos pensamentos perturbadores e passa a estados tumultuados, doentios.

Como resultado, conclui-se que o Espírito, e não o corpo, é fraco ou forte, conforme o conteúdo dos pensamentos que elabora e a que se entrega.

O pensamento é força.

Por isso, atua de acordo com a direção, a intensidade e o significado próprios.

A duração dele decorre da motivação que o constitui, estabelecendo a constância, a permanência e o direcionamento do que possui como emanação da aspiração íntima.

Os pensamentos são os fenômenos cognitivos que procedem do ser real.

◆

Pensa no amor e te sentirás afável.

Cultiva a ideia do progresso e terás estímulo para porfiar, logrando êxito nos empreendimentos.

Sustenta a ideia do bem e descobrirás quão ditoso és como fruto do anelo vitalizado.

◆

Se pensas no medo, ele assoma e te domina.

Se dás atenção ao pessimismo, tornas-te incapaz de realizações ditosas.

Se te preocupas com o mal, permanecerás cercado de temores e problemas.

Se agasalhas as ideias enfermiças, perderás a dádiva da saúde.

◆

Tudo pode ser alterado sob a ação do pensamento.

Vibração que sintoniza com ondas equivalentes, o teu pensamento é o gerador das tuas ações, e estas, as modeladoras da tua vida.

Pensamento e vida, pois, são termos da equação existencial do ser humano.

◆

Pensando na necessidade de ascensão, os heróis, os cientistas, os mártires, os educadores e os santos edificaram o mundo melhor, que ainda não alcançou o seu ápice, porque tu e outros ainda não vos convencestes de pensar bem, agindo melhor, para conquistardes a vitória sobre as paixões, a dor e a infelicidade.

6
Amigo ingrato

Causa-te surpresa o fato de ser o teu acusador de agora o amigo aturdido de ontem, que um dia pediu-te abrigo ao coração gentil e ora não te concede ensejo sequer para esclarecimentos.

Despertas, espantado, ante a relação de impiedosas queixas que guardava de ti, ele que recebeu, dos teus lábios e da tua paciência, as excelentes lições de bondade e de sabedoria, com as quais cresceu emocional e culturalmente.

Percebes, acabrunhado, que as tuas palavras foram, pelo teu amigo, transformadas em relhos com os quais, neste momento, rasga-te as *carnes da alma*, ele, que sempre se refugiou no teu conforto moral.

Reprocha-te a conduta, o companheiro que recebeste com carinho, sustentando-lhe a fragilidade e contornando as suas reações de temperamento agressivo.

Tornou-se, de um para outro momento, *dono da verdade* e chama-te mentiroso.

Ofereceste-lhe licor estimulante e recebes vinagre de volta.

Doaste-lhe coragem para a luta, e retribui-te com o desânimo para que fracasses.

Ele pretende as estrelas e empurra-te para o pântano.

Repleta-se de amor e descarrega bílis na tua memória, ameaçando-te sem palavras.

◆

Não te desalentes!
O mundo é impermanente.
O afeto de hoje torna-se o adversário de amanhã.
As mãos que perfumas e beijas serão, talvez, as que te esbofetearão, carregadas de urze.

◆

Há mais crucificadores do que solidários na via de redenção.
Esquecem-se, os homens, do bem recebido, transformando-se em cobradores cruéis, sem possuírem qualquer crédito.

Talvez o teu amigo te inveje a paz, a irrestrita confiança em Deus, e por isto quer perturbar-te.

Persevera, tranquilo!

Ele e isto, esta provação, passarão logo, menos o que és, o que faças.

Se erraste, e ele te azorraga, alegra-te e resgata o teu equívoco.

Se estás inocente, credita-lhe as tuas dores atuais, que te aprimoram e te aproximam de Deus.

◆

Não lhe guardes rancor.

Recorda que foi um amigo quem traiu e acusou Jesus; outro amigo negou-O três vezes consecutivas; e os demais amigos fugiram d'Ele.

Quase todos O abandonaram e O censuraram, tributando-Lhe a responsabilidade pelo medo e pelas dores que passaram a experimentar. Todavia, Ele não os censurou, não os abandonou e voltou a buscá-los, inspirá-los e conduzi-los de volta ao *Reino de Deus*, por amá-los em demasia.

Assim, não te permitas afligir nem perturbar pelas acusações do teu amigo, que está enfermo e não sabe, porque a ingratidão, a impiedade e a indiferença são psicopatologias muito graves no organismo social e humano da Terra dos nossos dias.

7
Equipamento da oração

Quando os problemas se avolumarem, ameaçando-te a paz, ou a dor moral procurar amesquinhar-te, conduzindo-te quase ao desespero, ou os teus sofrimentos físicos atingirem o ápice, ou os infortúnios e o destrambelho da tua emoção chegarem a extremos quase insuportáveis, antes de sucumbires na alucinação, ou no desalento, ou na rebeldia, levanta o pensamento a Deus, mediante os fios invisíveis da oração, e pede-Lhe socorro.

A prece é a solução final para os momentos que precedem o paroxismo, a perplexidade, o descalabro da loucura, oferecendo, de imediato, resposta às solicitações.

De início, interrompe o tropel das desgraças; depois, proporciona claridade mental para entendê-las; por fim, acalma, conforta e propõe os métodos para contornar e resolver, quaisquer que sejam as dificuldades.

Certamente, não impede o sofrimento, porque este tem a sua razão de ser, tornando-se necessária advertência, ou convite à reflexão; porém, propicia recursos para enfrentar a situação amarga.

A prece é a mais eficaz terapia que se conhece, por ser útil nos mais variados processos de aflição, brindando lucidez e refrigério.

✦

Quando alguém ora, desloca-se mental e emocionalmente da coarctação que o sofrimento lhe impõe, permitindo-se alcançar as regiões felizes, onde haure energias portadoras de forças que regularizam os distúrbios afligentes.

O processo da oração ocorre mediante a sintonia das aspirações humanas com as concessões divinas.

Penetrando a onda mental nas fontes generosas do Poder, aí se auferem a vitalidade e a inspiração para o prosseguimento da luta.

Sem a oração, faz-se difícil a marcha e quase impossível o êxito na empresa da reencarnação.

✦

A oração é fenômeno moral, emocional e espiritual, que deve suceder de forma consciente.

Não poucas vezes, no entanto, dá-se inconscientemente.

Sem fórmulas estabelecidas, é o grito de fé da alma necessitada, buscando apoio em Deus.

São as atitudes dignas, inspiradas no bem e no dever.

É a comunhão mental, programada com o Doador Celeste.

Tão habitual se pode tornar que, ao invés dos momentos de súplica, ela se transforma em uma constante vinculação com Deus, por meio dos pensamentos superiores que retratam as nobres aspirações do ser.

Orar é um ato que se deve converter em hábito.

A princípio, pode parecer difícil, em razão da mente desligar-se do propósito que deve sustentar; depois, por aparente falta de estímulo e fixação.

Como qualquer outra atividade, especialmente na área mental, exige frequência, intensidade, interesse. Só então se converte em clima de harmonia interior e de sintonia constante.

◆

Soluciona os teus problemas com a inspiração da prece.

Refugia-te da dor nas paisagens da oração.

Seja qual for o desafio aflitivo que se te apresente, na oração encontrarás os equipamentos hábeis para te consolares e te concederes paz.

Orando, galgarás o monte da própria redenção, apoiado por Deus e por Ele conduzido, porque através da prece Lhe falarás, e por meio da inspiração e da resistência que te advirão Ele te responderá.

8
Em favor dos enfermos

Na grande área dos serviços fraternais de socorro ao próximo, demandando a ação da caridade, a cura das mazelas orgânicas, emocionais e mentais é de vital importância.

Certamente, mais delicado é o desafio da saúde moral, graças ao qual os fenômenos fisiopsíquicos assumem alta significação, apresentando-se como respostas inevitáveis.

O ideal, portanto, é trabalhar-se os valores íntimos do homem, de cuja harmonia deriva o bem-estar. Entretanto, na impossibilidade de conseguir-se a realização plena, no campo das causas, o empenho por minimizar-se os efeitos perniciosos assume significação relevante, por propiciar requisitos que facultam a instalação das fontes saudáveis na organização periespiritual.

Para que se logrem resultados favoráveis na terapia curativa, é indispensável que o agente possua condições mínimas que sejam, a saber: harmonia interior, que decorre de uma conduta sadia; sentimentos de amor, que propiciem vibrações positivas; espírito de abnegação; saúde física e mental, de modo que a bioenergia, que se deseje doar, carreie forças restauradoras e atue nos centros vitais, gerando células sãs, portadoras de equipamentos harmônicos.

Ocorre, às vezes, que alguns instrumentos das curas contradizem esses itens mínimos, porém, eles próprios são pacientes, nos quais as enfermidades ainda não se manifestaram, apesar de já instaladas.

Agem para o bem, sem consciência do que lhes pode fazer bem.

♦

Toda e qualquer pessoa forrada de bons propósitos pode e deve auxiliar o seu próximo, quando enfermo.

Não é exigível que aplique esta ou aquela técnica, sempre dispensável. Mas é essencial que se haja educado para o mister e procure, sinceramente, ajudar.

A irradiação da mente concentrada no bem, em favor de alguém, opera admiráveis resultados.

Unida à aplicação dessa energia, com as mãos distendidas, sem ruído ou ritual, a magnetização da água completa a operação socorrista, ao ser ingerida pelo paciente.

◆

A sociedade, como um todo, necessita do equilíbrio e da saúde, no entanto é no homem, como célula valiosa, que se deve iniciar o labor terapêutico.

É claro que muitos atletas, portadores de saúde física, são, por outro lado, expressões de conduta infeliz, perniciosa.

Os apologistas das *raças superiores* preocupam-se com os físicos ideais e portadores de linhas que expressem a procedência genética, despreocupados com os seus valores éticos e morais.

A saúde real é resultado da homeostase, vigente no homem, na qual o físico e o emocional se harmonizam perfeitamente.

◆

Jesus curava e concedeu aos discípulos a faculdade de recuperar os enfermos.

Mantinha, no entanto, uma regra severa para a preservação da saúde, que era a recomendação em favor da conduta moral de modo que não lhes acontecesse nada pior.

A mente é fonte geradora de energias que esparze conforme as inclinações do espírito, sendo fator de infortúnio como de felicidade para si mesmo e para os demais.

Assim, orando, exercita os teus recursos latentes, canalizando-os em favor dos enfermos e recomendando-lhes mudanças de comportamento mental e moral para melhor, assim contribuindo para que a sociedade humana seja mais feliz.

9

Jesus e a barca

Narra Mateus (13:2): "E ajuntou-se muita gente ao pé dele, de sorte que, entrando num barco, se assentou; e toda a multidão estava em pé na praia", passando a ensinar.

A lição sugere várias reflexões, em convites oportunos para o equilíbrio do homem.

A multidão, em todos os tempos, sempre se tem apresentado esfaimada de pão, de amor, de bens diversos.

Na sua necessidade, perturba e perturba-se, tornando-se, não raro, agressiva e destruidora.

Jesus compreendia a massa humana e sabia como conduzi-la.

Atendeu-a sempre conforme as circunstâncias e de acordo com as suas aflições.

Deu-lhe as palavras de Vida, concedeu-lhe pão e peixe, propiciou-lhe refazimento orgânico e equilíbrio emocional, restituindo a saúde sob diversos matizes.

Ao Seu lado, todavia, sucediam-se as multidões ávidas, exigentes.

Com frequência, após atendê-las, Ele se refugiava na solidão com Deus, orando e silenciando...

Na referida passagem evangélica, afirma-se que Ele *entrou na barca*, perto-longe da multidão, e, após convívio elucidativo pela palavra luminosa, Ele passou para outro lugar...

◆

Considera estes símbolos: a barca – o destino; a multidão – as tuas necessidades; o mar – a tua atual jornada.

O teu encontro com Jesus não é casual, porém, um compromisso adredemente estabelecido.

Ele tem conhecimento da tua rota e é o comandante da barca, que sabe conduzir com proficiência e sabedoria.

Acalma as tuas necessidades e submete-as à Sua orientação, a fim de que sigas em paz.

◆

Há convites perturbadores em toda parte, conclamando-te ao desequilíbrio, e te apresentas quase ilhado no tumulto das paixões asselvajadas.

Se já consegues percebê-lO, escuta-O nos refolhos da alma, deixando que Suas mãos te conduzam a *barca*.

Não recalcitres, nem reclames.

Intenta aproximar-se d'Ele pela doçura e resignação, vencendo o espaço que medeia entre ambos.

Impregna-te da vibração que Ele irradia e plenifica-te, de modo a dispensares outros alimentos que te pareçam imprescindíveis.

Quem veja Jesus não O esquecerá. Todavia, quem se deixe tocar por Ele nunca mais viverá bem sem a Sua presença.

◆

Uma mulher equivocada sentiu-O; um jovem rico viu-O e seus destinos se assinalaram de forma diversa.

Todos os demais que Lhe sentiram a alma dúlcida jamais foram os mesmos, tornando-se Suas cartas de luz e vida para a Humanidade.

Assim, entra com Ele na barca e não O deixes seguir a sós.

A finalidade precípua e mais importante da reencarnação diz respeito ao processo de autoiluminação do espírito.

Herdeiro de suas próprias experiências, mantém atavismos negativos que o retêm nas paixões perturbadoras, aturdindo-se com frequência, na busca frenética do prazer e da posse. Como consequência, as questões espirituais permanecem-lhe em plano secundário, sem conceder-se ensejo de crescimento libertador.

Indispensável que se criem as condições favoráveis ao desenvolvimento dos seus valores éticos e espirituais que não devem ser postergados. Somente através desse esforço – que é o empenho consciente para o autoencontro, o denodo para romper com as amarras selvagens da ignorância, da acomodação, da indiferença – o logro se torna possível.

◆

Há pessoas que detestam a solidão, afirmando que esta lhes produz depressão e angústia, sensação de abandono e de infelicidade.

Outras, no entanto, buscam-na como terapia indispensável ao refazimento das forças exauridas, caminho seguro para o reexame de atitudes, para a reflexão em torno dos acontecimentos da vida.

A solidão, todavia, não é boa nem má. Os valores dela defluentes são sentidos de acordo com o estado de espírito de cada ser.

◆

O silêncio produz em alguns indivíduos melancolia e medo. Parece sugerir-lhes um abismo apavorante, ameaçador.

Em outras pessoas, faculta a paz, o processo de readaptação ao equilíbrio, abrindo espaço para o autoconhecimento.

O silêncio, no entanto, não é positivo ou negativo. Conforme o estado íntimo de cada um, ele propicia o que se faz necessário à paz, à alegria.

◆

Muitos homens se atiram afanosamente pela conquista do dinheiro, nele colocando todas as aspirações da vida como a meta única a alcançar. Fazem-se, até mesmo, onzenários.

Inúmeros outros, todavia, não lhe dão maior valor, desperdiçando-o com frivolidade, esbanjando-o sem consideração. Terminam, desse modo, na estroinice, na miséria econômica.

O dinheiro, entretanto, não é essencial ou secundário na vida. Vale pelo que pode adquirir e segundo a consideração de que se reveste transitoriamente.

◆

É indispensável que inicies o processo da tua libertação quanto antes.

Faze um momento habitual de solidão, onde quer que te encontres. Não é necessário que fujas do mundo, porém que consigas um espaço mental e doméstico para exercitares abandono pessoal e aí fazeres silêncio, meditando em paz.

Não digas que o tempo não te faculta ocasião.

Renuncia a alguma tarefa desgastante, a alguma recreação exaustiva, ao mesmo tempo que dedicas ao espairecimento saturador e aplica-o à solidão.

Nesse espaço, isola-te e silencia.

Deixa que a meditação refunde os teus valores íntimos e logre libertar-te das paixões escravizantes.

Considera o dinheiro e todos os demais valores como instrumentos para finalidades próximas, cuidando daqueloutros de sabor eterno e plenificador, que se te fazem essenciais para o êxito na tua jornada atual, a tua autoiluminação libertadora.

O homem é as suas memórias, o somatório das experiências que se lhe armazenam no inconsciente, estabelecendo as linhas do seu comportamento moral, social, educacional.

Essas *memórias* constituem-lhe o que convém e o que não é lícito realizar.

Concorrem para a libertação ou a submissão aos códigos estabelecidos, que propõem o correto e o errado, o moral, o legal, o conveniente e o prejudicial.

Em face de tais impositivos, desencadeiam-se, no seu comportamento, as fobias, as ansiedades, as satisfações, o bem ou o mal-estar.

Neste momento social, o medo assume avantajadas proporções, perturbando a liberdade pessoal e comunitária do indivíduo terrestre.

Procurando liberar-se desse terrível algoz, as suas vítimas intentam descobrir-lhe as causas, as raízes que alimentam a sua proliferação. Todavia, essas são facilmente detectáveis. Estão constituídas pela insegurança gerada pela violência, pelo desequilíbrio social vigente, pela fragilidade da vida física – saúde em deterioramento, equilíbrio em dissolução, afetividade sob ameaça, receio de serem desvelados ao público os engodos e erros praticados às escondidas, e, por fim, a presença invisível da morte...

Mais importante do que pensar e repensar as causas do medo é a atitude saudável, ante uma conduta existencial tranquila, pelo fruir cada momento em plenitude, sem *memória* do passado – evitando o padrão atemorizante – nem preocupação com o futuro.

A existência humana deve transcorrer dentro de um esquema atemporal, sem passado, sem futuro, num interminável presente.

◆

Não transfiras para depois a execução de tarefas ou decisões nenhumas.

Toma a atitude natural do momento e age conforme as circunstâncias, as possibilidades.

Cada instante, vive-o totalmente, sem aguardar o que virá ou lamentar o que se foi.

Descobrirás que assim agindo, sem constrições, nem pressas ou postergações, sentir-te-ás interiormente livre, pois que somente em liberdade o medo desaparece.

Não aguardes, nem busques a liberdade. Realiza-a na consciência plena, que age de forma responsável e tranquiliza os sentimentos.

◆

O medo desfigura e entorpece a realidade. Agiganta e avoluma insignificâncias, produzindo fantasmas onde apenas suspeitas se apresentam.

É responsável pela ansiedade – medo de perder isto ou aquilo – sem dar-se conta de que somente se perde o que se não tem, portanto, o que não faz falta.

A ação consciente, prolongando-se pelo fio das horas, anula o medo, por não facultar a medida do comportamento nas *memórias* pessoais ou sociais.

Simão Pedro, por medo dos poderosos do seu tempo, negou o Amigo que o amava e a Quem amava.

Judas, por medo de que Ele não levasse a cabo os compromissos assumidos, vendeu o Benfeitor.

Os beneficiários das mãos misericordiosas de Jesus, por medo, omitiram-se quando Ele foi levado ao sublime holocausto.

Pilatos, por medo, indeciso e pusilânime, lavou as mãos quanto à vida do Justo.

...E Anás, Caifás, a turbamulta, com medo do Homem Livre, resolveram crucificá-lO, mediante o hediondo e covarde conciliábulo da própria miséria moral que os caracterizava.

Ele, porém, não teve medo.

Pensa e busca-O, libertando-te do medo e seguindo-O, em consciência tranquila, por cujo comportamento te sentirás pleno, em harmonia.

12
Janelas na alma

O sentimento e a emoção normalmente se transformam em *lentes* que coam os acontecimentos, dando-lhes cor e conotação próprias.

De acordo com a estrutura e o momento psicológico, os fatos passam a ter a significação que nem sempre corresponde à realidade.

Quem se utiliza de óculos escuros, mesmo diante da claridade solar, passa a ver o dia com menor intensidade de luz.

Variando a cor das lentes, com tonalidade correspondente, desfilarão diante dos olhos as cenas.

Na área do relacionamento humano, também as ocorrências assumem contornos de acordo com o estado de alma das pessoas envolvidas.

É urgente, portanto, a necessidade de conduzir os sentimentos, de modo a equilibrar os fatos em relação com eles.

Uma atitude sensata é um abrir de *janelas* na alma, a fim de bem observar os sucessos da vilegiatura humana.

De acordo com a dimensão e o tipo de abertura, será possível observar a vida e vivê-la de forma agradável, mesmo nos momentos mais difíceis.

Há quem abra *janelas* na alma para deixar que se externem as impressões negativas, facultando a usança de lentes escuras, que a tudo sombreiam com o toque pessimista de censura e de reclamação.

◆

Coloca nas tuas janelas o amor, a bondade, a compaixão, a ternura, a fim de acompanhares o mundo e o seu séquito de ocorrências.

O amor te facultará ampliar o círculo de afetividade, abençoando os teus amigos com a cortesia, os estímulos encorajadores e a tranquilidade.

A bondade irrigará de esperança os corações ressequidos pelos sofrimentos e as emoções despedaçadas pela aflição que se te acerquem.

O perdão constituirá a tua força revigoradora colocada a benefício do delinquente, do mau, do alucinado que te busquem.

A ternura espraiará o perfume reconfortante da tua afabilidade, levantando os caídos e segurando os trôpegos, de modo a impedir-lhes a queda, quando próximos de ti.

As *janelas* da alma são espaços felizes para que se espraie a luz e se realize a comunhão com o bem.

✦

Colocando os santos óleos da afabilidade nas engrenagens da tua alma, descerrarás as *janelas* fechadas dos teus sentimentos, e a tua abençoada emoção se alongará, afagando todos aqueles que se aproximem de ti, proporcionando-lhes a amizade pura que se converterá em amor, rico de bondade e de perdão, a proclamarem chegada a hora de ternura entre os homens da Terra.

13
Cruz de provações

Anotas, angustiado, as ocorrências afligentes da existência e não podes sopitar as exclamações de pessimismo, considerando-te desditoso.

Referes-te a enfermidades dilaceradoras que te alcançaram durante a existência física e arrolas os sofrimentos morais que te surpreenderam, inúmeras vezes, aturdindo-te e desencorajando-te.

Registras soledade nos momentos ásperos, como se a tua vida não tivesse qualquer significado para aqueles que te cercam no grupo familial ou social no qual te demoras.

Consideras as ingratidões que te feriram a alma, reiteradas vezes, partidas de pessoas às quais brindaste afeto, enriquecendo-lhes as horas de devotamento, de bondade e de alegria.

Muitas vezes, foste surpreendido pela calúnia infeliz que te azucrinou as horas, recebendo a bofetada do descrédito que te não poupou os valores morais íntimos.

Em outras ocasiões, foste surpreendido pela ironia de pessoas simpáticas em quem confiavas, relatando-lhes os limites e problemas, de que então se utilizaram para levar-te à praça da zombaria.

Sentes cansaço; agora acalentas o tédio, a desconfiança, entregando-te à decepção.

✦

Reage e reflexiona com isenção de ânimo.

Esta é a tua cruz de provações.

Todas as criaturas transitam no mundo sob *madeiros* pesados, que lhes arrebentam as resistências, afligindo-as, amedrontando-as. Todavia, não é esta a finalidade deles, alguns invisíveis, portanto, mais dilaceradores.

Ignoras as dores ocultas do teu próximo, que se encontra atirado sobre catres misérrimos ou imobilizado por paralisias insidiosas, irrecuperáveis.

Não sabes das decepções que asfixiam os portadores do mal de Hansen, da Aids, da decomposição orgânica em vida, nem das macerações da alma, que empurraram para os pélagos da loucura verdadeiras multidões...

A dor, na Terra, ainda é processo expurgador de mil delitos que não foram justiçados e de vícios hediondos que permaneceram ocultos.

A Misericórdia de Deus faculta ao Espírito calceta recuperar-se pelo sofrimento, depurar-se mediante a cruz das provações, em cujas *traves* reconsidera atitudes, programa atividades dignificantes, alça-se ao bem.

Assim mesmo, não são poucos aqueles que, ao invés de retemperarem o ânimo na forja da agonia, deixam-se consumir pelas chamas da revolta, que somente piora a própria situação.

◆

Aberto à Vida está o amor. Todavia, ei-lo vilipendiado no chão da mesquinhez e na promiscuidade do primitivismo.

Possuidor dos recursos de edificação, é posto nos desvãos da delinquência, permanecendo nos porões do vício...

O amor, no entanto, é o hífen de ligação do homem com o seu irmão e com Deus, quando logra permear de vida aquele que se lhe permite penetrar.

Deste modo, se te sentes atado à cruz das provações dolorosas, adorna-a com as flores do amor fraterno, transformando as tuas dores em fontes de esperança em relação ao futuro.

Com resignação dinâmica, supera os momentos mais graves e alegra-te, tendo em mente que dos braços dessa cruz te alçarás mais rapidamente às elevadas esferas da libertação.

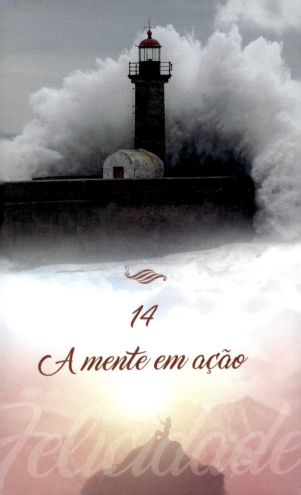

14
A mente em ação

Mais graves que as viroses habituais são aquelas que têm procedência no psiquismo desvairado.

Por ser agente da vida organizada, a mente sadia propicia o desenvolvimento das micropartículas que sustentam com equilíbrio a organização somática, assim como, através de descargas vigorosas, bombardeia os seus centros de atividade, dando curso a desarmonias inumeráveis.

Mentes viciosas e pessimistas *geram vírus* que se alojam no núcleo das células e, destruindo-as, espalham-se pela corrente sanguínea, dando surgimento a enfermidades soezes.

Além desta funesta realização, interferem na organização imunológica e, afetando-a, facultam a agressão de outros agentes destruidores, que desenvolvem síndromes cruéis e degenerativas.

Além dos vícios que entorpecem os sentimentos relevantes do homem, perturbando-lhe a existência, o tédio e o ciúme, a violência e a queixa, entre outros hábitos perniciosos, são responsáveis pela desestruturação física e emocional da criatura.

◆

O tédio é resultado da ociosidade costumeira da mente acomodada e preguiçosa. Matriz de muitos infortúnios, responde por neuroses estranhas e depressivas, culminando com o suicídio injustificável e covarde.

Entregue ao tédio, o paciente transfere responsabilidades e ações para os outros, deixando-se sucumbir na amargura, quando não se envenena pela revolta contra todos e tudo.

◆

A mente, entregue ao ciúme, fomenta acontecimentos que gostaria se realizassem, a fim de atormentar-se e atormentar, aprisionando ou perseguindo a sua vítima.

Por sua vez, desconecta os centros de equilíbrio, passando à condição de vapor dissolvente da confiança e do amor.

◆

A violência é distúrbio emocional, que remanesce do primitivismo das origens, facultando o combustível do ódio, que se inflama em incêndio infeliz, a devorar o ser que o proporciona.

Quando isto não ocorre, dispara dardos certeiros nas usinas da emoção, que se destrambelha, gerando *vírus* perigosos que se instalam no organismo desarticulado e o vencem.

✦

A queixa ressuma como desrespeito ao trabalho e aos valores alheios, sempre pronta a censurar e a fiscalizar os outros, lamentando-se, enquanto vapores tóxicos inutilizam os núcleos da ação, que se enferrujam e perdem a finalidade.

Há todo um complexo de hábitos mentais e vícios morais, prejudiciais, que agridem a vida e a desnaturam.

É indispensável que o homem se resolva por utilizar do admirável arsenal de recursos que possui, aplicando os valores edificantes a serviço da sua felicidade.

◆

Vives consoante pensas e almejas, consciente ou inconscientemente.

Conforme dirijas a mente, recolherás os resultados.

Possuis todos os recursos ao alcance da vontade.

Canalizando-a para o bem ou para o mal, fruirás saúde ou doença.

Tem em mente, no entanto, que o teu destino é programado pela tua *mente* e pelos teus atos, dependendo de ti a direção que lhe concedas.

15
Porvir inexorável

O indivíduo senciente deve manter como objetivo primacial da existência física a conquista dos valores eternos. Não obstante a consideração pelas conquistas contemporâneas, torna-se-lhe indispensável a compreensão da transitoriedade desses recursos e realizações.

O acúmulo de riquezas materiais proporciona-lhe conforto, não, porém, felicidade. Esta é decorrência natural do autoencontro responsável, graças ao qual se entrega à conquista de diferentes bens, por enquanto, desdenhados.

Somente através da reencarnação, compreendida e aplicada à vivência lúcida, é que poderá considerar o *vazio* da existência corporal, período este para a aprendizagem iluminativa e libertadora.

Assim considerada, a existência material deixa de ser uma sucessão de sofrimentos e incertezas para proporcionar os investimentos duradouros, que se transferem de uma para outra forma, no corpo ou além dele, porquanto, em qualquer circunstância, ninguém se apresentará fora da Vida.

◆

A vida física se caracteriza pela busca do prazer, no entanto este sempre se expressa acompanhado do sofrimento. Isto, porque o próprio prazer gera o medo da sua descontinuidade, o que se transforma em aflição.

A manutenção do prazer estimula o egoísmo, a ambição, a arbitrariedade e seus sequazes criminosos.

✦

Cultivando com acendrado interesse a ignorância, o homem distrai-se no relacionamento com amigos; armazena joias e dinheiro, víveres e trajes; multiplica habitações e veículos, embora o seu corpo somente os possa usar um a um. Demais, advindo a morte, que é inevitável, vê-se constrangido a deixar tudo, levando apenas a si mesmo e com ele os atos impressos nos painéis da consciência.

✦

Ninguém te condena por seres previdente; porém, a tua consciência te reprocha a ganância.

Pessoa alguma te fiscaliza a conduta gozadora; mas, a tua consciência te diz que isto não te basta.

Deus não te proíbe fruir dos bens, nem da vida; todavia, tua consciência, apesar de anestesiada, vez ou outra desperta, assinalando a tua ilusão...

◆

Descoberta a causa do sofrimento do senciente, que é a ignorância, o seu antídoto é, de logo, a sabedoria.

Clareia-te, assim, com as luzes da reencarnação e saberás conduzir a vida sem apego, sem desconsideração, descobrindo-lhe o *vazio* do mediato e aplicando parte do teu tempo na preparação do teu porvir eterno, que te espreita e para o qual marchas inexoravelmente, quer o queiras, quer não.

16
Balizas delimitadoras

Quando a amizade unir as criaturas com desinteresse, as paixões desgastantes cederão lugar ao júbilo espontâneo.

Quando a solidariedade mantiver os homens sinceramente interessados no bem, a guerra abandonará os povos e a paz dominará os corações.

Quando o amor lubrificar os sentimentos humanos, o ódio deixará de ser ferrugem destruidora nas engrenagens da vida.

Quando a caridade tomar sobre os ombros as dores dos indivíduos, então se estabelecerá, na Terra, o *Reino de Deus*.

Quando os seres sencientes se derem conta de que somente através da própria transformação moral para melhor a existência física tem sentido, desaparecerão a loucura e o suicídio dos quadros sociais e morais do planeta.

◆

O homem tem como destinação evolutiva a libertação das sombras teimosas que lhe impedem a clara visão do processo santificante.

A aquisição da consciência faculta-lhe compreender os valores que escravizam e aqueloutros que emulam à felicidade.

Diante dos conflitos decorrentes, com sabedoria ele elege os fatores positivos e entrega-se ao esforço de incorporá-los à sua vivência, desse modo avançando sem tropeço para lograr o objetivo à frente.

Enquanto esta decisão não seja tomada, os altibaixos emocionais constituem-lhe a áspera prova que terá de vencer mediante a dedicação integral.

Indecisão é fraqueza moral a soldo da irresponsabilidade.

Definir rumo, vencer distância, avançar com estoicismo, eis as formas de adquirir os títulos de enobrecimento, para cuja finalidade se encontra o homem reencarnado no planeta.

◆

"Granjeia amigos com as riquezas da injustiça" – propôs Jesus.

Sê companheiro do necessitado que renteia contigo, repartindo com ele pão, paz e iluminação.

Ama, indiscriminadamente, irradiando esse nobre sentimento que concede elevação ao ser.

Torna-te as mãos da caridade em ação e estarás contribuindo para o mundo melhor de amanhã, cujas balizas devem ser colocadas desde hoje, na condição de marcos delimitadores do que eras ontem, do que és hoje e do que serás amanhã.

17
Teoria e prática

O conhecimento liberta da ignorância. Todavia, somente a sua aplicação liberta do sofrimento.

Há uma expressiva diferença entre a teoria e a prática, em todos os segmentos da Humanidade.

◆

A teoria ensina. Porém, a prática afere-lhe o valor.

Não basta saber. É imprescindível utilizar o que se conhece.

◆

O conhecimento, em verdade, amplia os horizontes do entendimento. Não obstante, a sua aplicação alarga as paisagens da vida.

A mente conhecedora deve movimentar as mãos no uso desses valiosos recursos.

◆

O conhecimento de importância é aquele que pode mover essas conquistas em favor do bem do seu possuidor, assim como do meio social onde este se encontra.

Nula é a informação que não produz bênçãos, nem multiplica as disposições da pessoa para a ação útil.

◆

Conhecendo, saberás que a tua renúncia auxilia a comunidade, sem que esperes a abnegação dos outros a teu benefício.

O conhecimento superior estimula à imediata atividade.

Acumular informações sem finalidade prática transforma-se em erudição egoísta, que trabalha em benefício da presunção.

◆

Tens a obrigação de conhecer para viver. Simultaneamente, deves viver praticando os salutares esclarecimentos que armazenas, contribuindo para uma existência realizadora, humana e feliz.

◆

Quando leias, exercita a praticidade do contributo cultural que assimilas.

O tempo urge, e as oportunidades de aplicação constituem tuas chances de progresso como de paz.

♦

Conta-se que célebre monge budista, estudando algumas suras, descobriu que se não devia utilizar da pele de animais para conforto pessoal.

De imediato, levantou-se do catre e dali retirou o couro de um urso que lhe servia de apoio macio sobre as ripas da enxerga áspera.

Prosseguindo a leitura, porém, encontrou assinalado que, no entanto, se poderia usar a pele dos animais, quando se estivesse enfermo, esquálido ou envelhecido, a fim de ter diminuídas as penas e dores.

Ato contínuo, tomou-a com respeito, colocou-a no lugar de onde a retirara, sentou-se sobre ela e continuou a ler...

Conhecimento que se não transforma em utilidade pode ser qual "sepulcro caiado por fora", ocultando vérmina e morte por dentro, responsáveis pelo bafio do orgulho e da ostentação.

18
Emoções perturbadoras

O homem que se candidata a uma existência feliz, tem a obrigação de vigiar as suas emoções perturbadoras, a fim de evitar-se desarmonias perfeitamente dispensáveis, na economia do seu processo de evolução.

As emoções perturbadoras decorrem do excesso de autoestima, do apego aos bens materiais e às pessoas, e do orgulho, entre outros fatores negativos.

O excesso de consideração que o indivíduo se concede leva-o à irritação, ao ciúme, à agressividade, toda vez que os acontecimentos se dão diferentes do que ele espera e supõe merecer.

O apego responde-lhe pela instabilidade emocional, trabalhando-lhe a ganância, a soberba e a ilusão da posse, que concede a falsa impressão de situar-se acima do seu próximo.

O orgulho intoxica-o, levando-o à pressuposição de credenciado pela vida a ocupar uma situação privilegiada e ser alguém especial, merecedor de homenagens e honrarias, em detrimento dos demais.

Qualquer ocorrência que se apresente contraditória a esses engodos gerados pelo *ego* insano, e as emoções perturbadoras se lhe instalam, proporcionando desequilíbrios de largo porte, exceto se ele se resolve por *digerir* a situação e mudar de paisagem mental.

Superar tais emoções que têm raízes no seu passado espiritual, eis o grande desafio.

Assim, cumpre que ele envide todos os esforços para o autodescobrimento e a aplicação das energias em combater a inferioridade que predomina em a sua natureza.

◆

"Não há nada a que o homem não se acostume com o tempo", afirma um velho brocardo popular.

A liberação das emoções perturbadoras é resultado dos hábitos insalubres de entregar-se-lhe sem resistência.

Tão comum se faz ao indivíduo a liberação dos instintos perniciosos geradores deles, que este se não dá conta do desequilíbrio em que vive.

Adaptando-se ao autocontrole, eliminará, a pouco e pouco, a explosão dessas emoções perturbadoras.

Mediante pequeno código de conduta, torna-se fácil a assimilação de outros hábitos que são saudáveis e felicitam:

Considera a própria fragilidade que te não faz diferente das demais pessoas.

Observa o esforço do teu próximo e valoriza-o.

Treina a paciência ante as ocorrências desagradáveis.

Reflexiona quanto à transitoriedade da posse.

Medita sobre a necessidade de ser solidário.

Propõe-te a adaptação ao dever, por mais desagradável se te apresente.

Aprende a repartir, mesmo quando a escassez caracterizar as tuas horas...

Um treinamento íntimo criará condicionamentos que te ajudarão na formação de uma conduta ditosa e tranquila.

◆

Foram as emoções perturbadoras que levaram Pedro, temeroso, a negar o Amigo, e Judas, o ambicioso, a vendê-lO aos inimigos da Verdade.

O controle delas, sob a luz da humildade e da fé, proporcionou à Humanidade o estoicismo de Estêvão, a dedicação até o sacrifício de Paulo – que as venceram – e toda a saga de amor e grandeza do homem abnegado de todos os tempos.

19
Domínio da ira

Tão comuns se te fazem a irritabilidade e o reproche, que estás perdendo o equilíbrio, o discernimento sobre o limite das tuas forças.

Habituas-te à reprimenda e à contrariedade de tal forma, que perdes o controle da emoção, deixando de lado os requisitos da urbanidade e do respeito ao próximo.

Frequentemente te deixas arrastar pela insidiosa violência, que se te vai instalando no comportamento, passando de um estado de paz ao de guerra, por motivo de somenos importância.

Sem te dares conta, perdes o contato do amor e passas a ser temido, por extensão detestado.

A irascibilidade gera doenças graves, responsáveis por distonias físicas e mentais de largo alcance.

Da ira ao ódio, o passo é breve, momentâneo, e o recuo, difícil.

Tem tento e faze uma revisão dos teus atos, tornando-te mais comedido e pacificado.

◆

Ouve quem te fala, sem ideia preconcebida.

Desarma a emoção, a fim de agires com imparcialidade.

A ideia preconceituosa abre espaço mental à irascibilidade.

É necessário combater com ações mentais contínuas as reações que te assomam, entorpecendo-te a lucidez e fazendo-te um tresvariado.

A reflexão e o reconhecimento dos próprios erros são recursos valiosos para combater a irritação sistemática.

Tem a coragem de reconhecer que erras, que te comprometes, não te voltando contra os outros como efeito normal do teu insucesso.

◆

A ira cega, enlouquece.

Provocando uma vasoconstrição violenta no sistema circulatório, leva à apoplexia, ao enfarto, à morte.

◆

Um momento de irritação, e fica destruída uma excelente obra.

O trabalho de um período demorado reduz-se a cinzas, qual ocorre com a faísca que atinge material de fácil combustão.

A ira separa os indivíduos e fomenta lutas desditosas.

◆

Estanca o passo e retrocede na viagem do desequilíbrio.

Recorre à oração.

Evita as pessoas maledicentes, queixosas, venenosas. Elas se te fazem estímulo constante à irritabilidade, ao armamento emocional contra os outros.

◆

A tua vida é preciosa, e deves colocar todas as tuas forças a serviço do amor.

Desde que és forte, investe na bondade, na paciência e no perdão, que são degraus de ascensão.

Para baixo é fácil, sem esforço, o processo de queda.

A sublimação e a subida espiritual são o desafio para os teus valores morais.

Aplica-os com sabedoria e fruirás de paz, aureolado pela simpatia que envolve e felicita a todos.

Ademais, a ira é porta de acesso à obsessão, à interferência perniciosa dos Espíritos maus, enquanto o amor, a doçura e o perdão são liames de ligação com Deus, plenificando o homem.

20
No campo da mente

Canaliza as tuas forças mentais para a ideação do bem em preparativos de materialização.

As energias da mente são o potencial de força que estrutura a vida.

Jogadas a esmo, perdem a finalidade superior para a qual existem, concretizando irrisão e desequilíbrio.

Assim, cuida do direcionamento dos teus pensamentos, evitando os devaneios que te incendeiam de paixões perturbadoras, que anelas e, certamente, não se consumarão.

Mesmo que aconteçam, sustentadas pelo teu desejo ardente, são fogos-fátuos que logo desaparecem.

◆

Exercita a tua mente, fixando ideias otimistas de saúde e de trabalho.

Insiste com essas formas ideais, e elas se consubstanciarão, mantidas pelo fluxo do anelo, condensando-se no plano da realidade objetiva.

Quando saibas comandar a mente, alterar-se-á, em profundidade, o ritmo da tua existência.

O cenho contraído cederá lugar à alegria espontânea; a ira fácil dará campo à benevolência; a exigência será substituída pela compreensão, e experimentarás o prazer de ser bom, pelo bem que faças, que te fará bem.

Insiste no pensamento gentil, edificante.

A mente que se faz leviana exorbita na alucinação e padece a hipertrofia das aspirações felizes.

A formulação de propósitos saudáveis faculta a viabilidade deles, que se convertem em realização.

◆

O homem se torna aquilo que cultiva na mente.

A usina mental é dínamo gerador de que o Espírito se utiliza para a viagem carnal, e fora dela para expressar a sua identidade e valor, que exterioriza no processo da evolução.

Se embalas pesadelos, defrontarás sempre sofrimentos.

Se vitalizas esperanças de paz, encontrarás tranquilidade.

Triunfo e insucesso são termos iguais de qualquer empresa: aquele que elejas, merece a tua fixação e o teu trabalho, mediante os quais o lograrás.

◆

No bloco de pedra *dorme* a estátua, que o artista *vê* e de lá a arranca, a esforço e dedicação.

No solo adusto se *oculta* a seara, que o agricultor *descobre* a contributo de adubagem, irrigação e semeação.

No barro imundo *repousa* a peça de cerâmica, que o oleiro modela com carinho e habilidade.

Na mente vigem o ideal, a forma, a vida.

Aplica com sabedoria as tuas forças mentais e não as perturbes com os desvios da ilusão.

Jesus, que as conhecia em profundidade, usou-as, convidando-nos a aplicá-las bem, quando enunciou que *podemos fazer tudo quanto Ele fez, se quisermos, se tivermos fé* e valor de lutar contra as imperfeições, e extrair, do bloco de granito que ainda somos, a centelha divina que dorme em nós.